7
LK 225.

DÉGAGEMENT

DES ABORDS

DE LA CATHÉDRALE

DÉGAGEMENT

DES ABORDS

DE LA CATHÉDRALE

AMIENS

IMPRIMERIE ET LITHOGRAPHIE DE T. JEUNET

3, IMPASSE DES CORDELIERS, 3

—

1860

DÉGAGEMENT

DES ABORDS

DE LA CATHÉDRALE

L'avenir des villes est dans le progrès, et le progrès, d'éclatants exemples l'attestent, consiste dans le développement simultané de toutes les facultés que Dieu donne aux cités comme aux hommes. Voyez Paris, Lyon, Marseille et tant de villes que la conscience de l'avenir et de leurs destinées futures transforme en ce moment ! Tout y prend à la fois un admirable essor, et l'Édilité de ces grandes villes, marchant à pas pressés dans la voie que lui trace le génie impérial, décrète, poursuit, achève l'exécution de ces travaux sans précédents qui rendent aux populations l'air, le mouvement et la vie; qui donnent à tous les intérêts, commerce, hygiène, sécurité, viabilité publique à toutes les aspirations, aux arts comme aux sciences, à la Religion comme à la Politique, en un mot à tous les besoins privés et publics, leur plus légitime satisfaction.

Jusques à quand seul, ou peu s'en faut, entre tant de riches et intelligentes cités, Amiens résistera-t-il à cette loi du progrès? Pendant que tout grandit et prospère autour de nous, depuis cinquante ans que faisons-nous? qu'avons-nous fait? Rien, ou bien peu de chose; et cependant que n'avons-nous pas à faire pour reconquérir dans la Société qui naît la place qui fut notre honneur dans celle qui s'éteint, et dont notre apathie séculaire nous a fait grandement déchoir.

Je parle d'apathie, et voyez..... il est une œuvre ici qui intéresse tout le monde, et à laquelle tout le monde s'intéresse. Point n'est besoin de chercher longtemps dans la Cité pour comprendre qu'il s'agit de notre splendide Cathédrale, du dégagement de ses abords, et, entre tous, de la voie magistrale qu'il importe d'ouvrir en face de son Grand Portail.

Cette œuvre intéresse tout le monde et touche à tout : Administration, Religion, Arts, Commerce, Police, hygiène publique, voirie; et tout le monde s'intéresse à elle, je le répète, puisqu'au nombre de ceux qui la patronnent, je vois les premiers Magistrats du département et de la ville, notre Évêque vénéré, les noms les plus respectés de notre aristocratie, et ce que le clergé, l'industrie ou les professions libérales comptent de plus intelligent et de plus honoré.

Eh bien ! cette œuvre, depuis cinq ans entreprise, depuis cinq ans reste en suspens ! Qui donc en accuser ? Notre apathie, notre seule apathie. — Certes, quand on voit en tête des listes de souscription les noms de M. le Préfet de la Somme, de Monseigneur l'Évêque, des fonctionnaires les plus élevés de la magistrature et des finances, ceux de tant de membres du Conseil général et du Conseil municipal; quand on sait que, loin de résister à l'exécution d'un tel projet, qui serait l'honneur de son administration, le Maire de la ville n'a jamais manifesté qu'un regret, celui de ne pouvoir en hâter à son gré la solution; loin de formuler contre nos Administrateurs l'ombre même d'un reproche, nous devons les remercier hautement d'avoir, sans attendre le souffle inspirateur d'une circulaire ministérielle, librement pris l'initiative et le patronage de cette généreuse entreprise. Ne cherchons donc point les coupables ailleurs que parmi nous-mêmes; et, que nous ayons ou non l'honneur de siéger dans les Conseils de la cité, disons-nous bien que si, pour seconder les vues élevées de ceux qui nous guident dans la voie du progrès, nous savions fouler aux pieds les mesquines préoccupations d'argent, d'intérêt personnel, peut-être même de rivalités inavouables, aujourd'hui l'œuvre serait achevée, et nos plaintes superflues.

N'en désespérons point pourtant. Elle s'achèvera parce qu'elle est belle, utile et bonne, et elle s'achèvera prochainement, parce que l'heure est favorable. Il faut le démontrer, puisque, chose à peine croyable, il y a des incrédules sur ce point...

Cette rue qui, du parvis de la Cathédrale, atteindrait la rue Basse-Saint-Martin, entre les rues Basse-Notre-Dame et Henri IV, ne donnerait-elle pas, elle aussi, ce qu'avec tant de raison on demandait pour ce quartier, dans une brochure non encore oubliée : « *l'air, la vie et la viabilité ?* » Jetée comme une tête de pont au point le plus rapide du raidillon qui commande cette chaussée, elle épargne, en le coupant par moitié, la fatigue ou le danger qu'hommes, voitures, bêtes de somme ou de trait, tous rencontrent au plus difficile endroit de cette voie si fréquentée. C'est de plus une rue droite, large, éclairée, dans ces quartiers sinueux ou trop étroits : ce sont de larges façades, de vastes magasins, de belles et saines maisons substituées aux tristes habitations qui couvrent aujourd'hui le terrain ; c'est le renchérissement des immeubles du quartier, dépréciés au delà de toute raison ; c'est enfin, pour le grand commerce, que le défaut d'habitations confortables et luxueuses pousse, contre ses intérêts, vers la haute ville, c'est un point de station heureusement choisi qui, touchant aux rues les plus recherchées d'Amiens, y laisse à la plus belle moitié de nous-mêmes un accès libre et facile, et toute aisance pour y dépenser l'argent que nous, l'autre moitié, gagnerions plus commodément en surveillant de plus près nos ateliers, nos fabriques et nos usines.

Mais aussi, mais surtout, combien la religion et l'art applaudiraient à cette réalisation de tous leurs vœux ! Qu'à ce nouveau point de vue, l'œuvre, déjà forte de son utilité démontrée, acquiert de titres aux sympathies de quiconque porte en soi le sentiment inné du beau ! Et grâce à Dieu, grands et petits, riches ou pauvres, artistes ou artisans, tous, nous y sommes accessibles. En France, le goût est comme l'esprit, de toutes les classes. Notre amour propre seul fût-il engagé dans cette tardive satisfaction, que l'ajourner encore ne serait en vérité point permis. Parce que le parvis du Temple n'est plus, comme au dix-septième siècle, encombré d'échoppes vieilles et sales, croyons-nous être quittes envers Dieu, envers l'art, envers cette foule de visiteurs cosmopolites, de tout ce qui reste à faire, pour rendre à ce chef-d'œuvre des siècles, son aspect monumental, rien même que pour permettre d'en découvrir l'admirable façade dans son entier ? N'est-il pas regrettable, humiliant même, de songer que, par suite de notre incurable insouciance, aujourd'hui, en l'an de grâce 1860, alors que tant de Cathédrales, impuissantes rivales de la nôtre, ont déjà vu ou voient l'espace et l'air se faire autour d'elles, quoi qu'il coûte, Notre-Dame d'Amiens ne puisse se dégager de la triste ceinture qui l'enveloppe, la prive d'air et l'étouffe ?[1] Pour le voyageur qui rampe au pied de ce colosse, sans pouvoir en découvrir la tête, quel sujet d'amères réflexions ! N'en avons-nous donc jamais entendu une seule, que le souvenir ne nous en blesse encore ? Et quand, pour réparer ce long et injuste oubli, tout est prêt depuis des années déjà, attendrons-nous plus longtemps encore, et ne serons-nous satisfaits que si le mal devient à jamais irréparable ?

Pour réveiller en nous cette ardeur du bien et du beau qui pousse aux grandes choses, je voudrais qu'il fût donné à tous, comme il me l'a été, de voir l'esquisse qu'une main de maître a tracée de notre splendide Cathédrale dégagée dans ses abords et de face, éclairée par cette rue qui sollicite encore le premier coup de marteau du démolisseur ! Point de doute alors que le vœu du moindre d'entre nous ne devînt celui de toute une ville, et que sous la pression, cette

---

[1] En effet, ces dégagements sont opérés ou en voie d'exécution devant les cathédrales de Paris, de Reims, de Bourges, d'Orléans. (*Annotation de* M. VIOLLET-LEDUC.)

fois légitime, de l'opinion publique, il n'obtînt sans délai la plus complète satisfaction.

L'heure s'y prête d'ailleurs, et jamais occasion plus favorable ne sortira du concours fortuit ou préparé des circonstances. D'une part, en effet, la lettre impériale du 5 janvier 1860 assure à la restauration des édifices religieux des ressources extraordinaires, et l'on ne peut douter que, dans les prévisions de Sa Majesté, ne rentrent les travaux d'amélioration que réclame notre Cathédrale, puisque, dès le 23 décembre dernier, Monsieur le Ministre de l'Intérieur, dans une circulaire adressée à MM. les Préfets, s'exprimait ainsi : « En dehors et au-dessus des affaires courantes objet
« de vos soins quotidiens, il n'est guère de départements où
« ne se trouvent quelques affaires principales auxquelles se
« rattachent parfois depuis longtemps les vœux de tout un
« pays, et dont la mise à bonne fin doit être pour lui un
« événement heureux, laissant dans les esprits un long et
« bon souvenir : occupez-vous activement de ces affaires
« capitales, *je vous y aiderai de tout mon pouvoir*, etc....»

Nos premiers Magistrats, il faut le répéter pour leur en faire honneur, n'ont point pour la comprendre attendu que l'importance de cette œuvre leur fût signalée d'en haut. Mais, dans ces nouveaux gages de la sollicitude souveraine, eux, comme nous, ne puisent-ils pas la conviction que de nouveaux bienfaits subviendront, s'il le faut, aux besoins de l'œuvre, et que, pour l'achèvement de cette admirable restauration, la main libérale et pieuse qui donna 30,000 fr. à la seule chapelle de Sainte-Theudosie, daignera de nouveau s'ouvrir et voudra nous assurer une part dans les largesses du budget ?

Ce n'est pas tout : par une coïncidence vraiment inespérée, on dit qu'en ce moment même l'Administration des Ponts-et-Chaussées projette, de concert avec la Ville, l'élargissement de la rue Basse-Saint-Martin, au point juste où la joindrait celle qu'il s'agit d'ouvrir. Dans ce projet, trois des maisons dont la suppression importe le plus au nôtre, disparaissent de toute nécessité. Or, cette opération se ferait de compte à demi entre l'État et la Ville. Que celle-ci réfléchisse : c'est pour elle la moitié nette épargnée de la dépense qui, sur ce point, pouvait lui incomber. Dès lors, comment expliquer ou comprendre l'abstention ? à moins qu'on ne préfère attendre pour agir — et tôt ou tard on agira — que de nouvelles constructions recouvrent les terrains expropriés, et que leur acquisition tardive entraîne double charge ? Renoncera-t-on aussi, de gaîté de cœur, à ces ressources précieuses, mais bientôt épuisées, que la munificence de l'Empereur réserve aux églises de France ? On n'ose croire à la perte d'une telle occasion, la plus belle qui puisse jamais s'offrir à des administrateurs éclairés, de prendre place dans les souvenirs reconnaissants de leurs concitoyens.

Ouverte, depuis vingt ans déjà, sur le parvis de Notre-Dame, et demain, si l'on veut, ouverte sur la rue Basse-saint-Martin, que reste-t-il à faire de cette rue, pour mettre en communication ses deux extrémités ? Rien, pour ainsi parler, et les dépenses minimes que ce rien occasionnerait, le résultat de l'entreprise l'aurait bientôt couvert.

Je laisse à d'autres, plus compétents que moi lorsqu'il s'agit de chiffres, le soin de prouver, titres et pièces en mains, s'ils le veulent, que la Ville n'y dépenserait guère plus de *cent mille francs* en deniers effectifs.[1] Quant à moi, une seule chose me préoccupe, et ce ne sont point les calculs d'une dépense mesquine en proportion des améliorations qu'elle doit engendrer : ce qui me préoccupe, c'est l'intérêt de notre ville, et l'avenir de ce quartier Saint-Leu, si gravement engagé dans la question ; c'est aussi l'honneur de notre vieille Cathédrale, la vraie, et sans contredit la plus grande gloire d'Amiens, son titre le plus sûr et le plus

---

[1] Il est évident que la Ville pourrait faire la rue en face la Cathédrale, à l'aide de sacrifices moins considérables, en agissant largement, car elle donnera une valeur beaucoup plus grande aux immeubles en bordure sur cette route. (*Annotation de* M. VIOLLET-LEDUC.)

durable à l'admiration de tous, et dont cependant, pour emprunter les expressions du respectable M. de Rainneville, « les abords sont encore aujourd'hui obstrués par des « constructions sans nom et sans style, qui font la honte de « notre ville, et sont l'objet des railleries de tous les « étrangers. »

J'ai dit, et si j'ai mal dit, laissez de côté le style, qui n'est pas mon affaire, et ne vous occupez que de l'affaire, qui est la nôtre à tous.

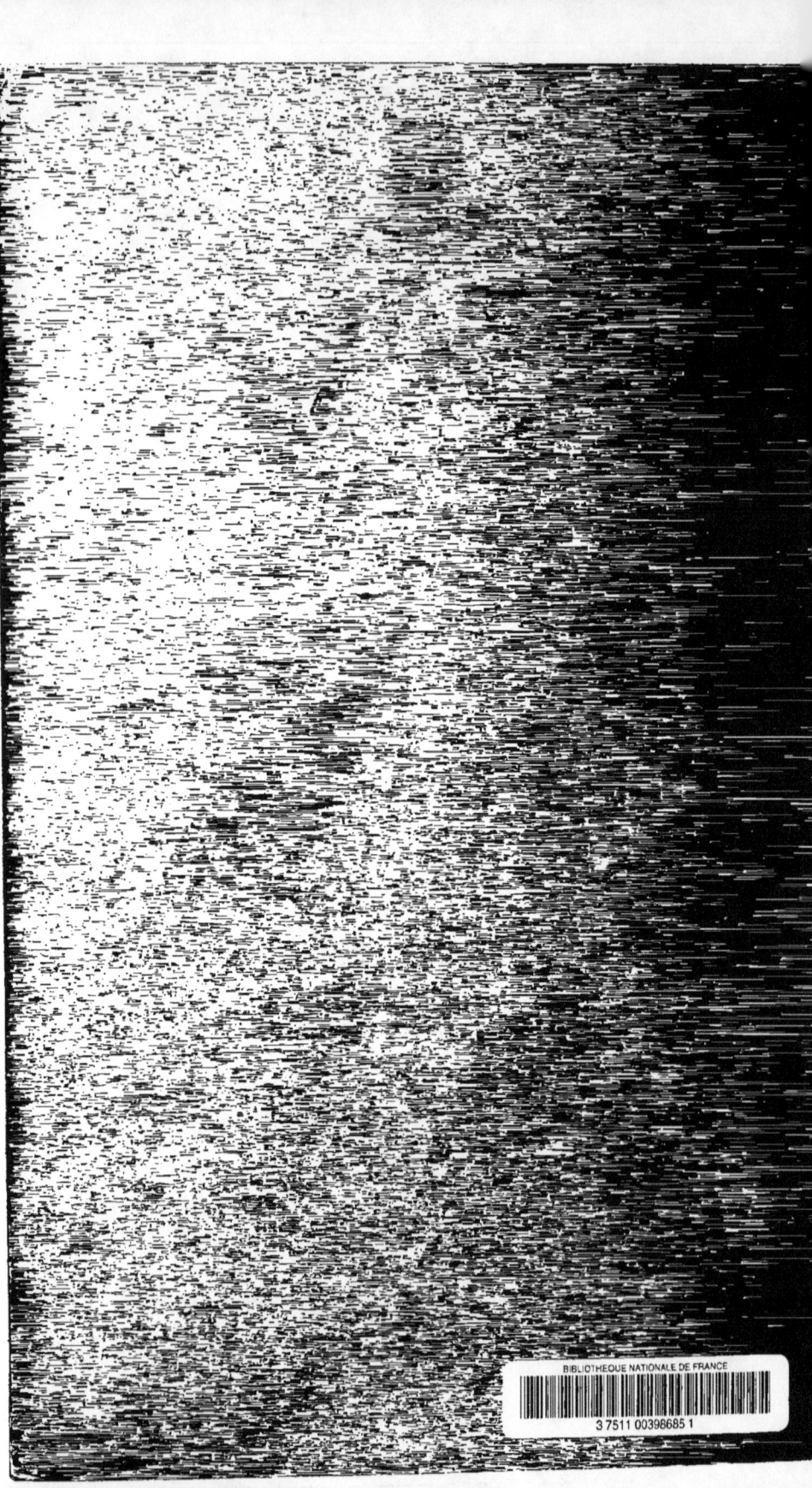

www.ingramcontent.com/pod-product-compliance
Lightning Source LLC
Chambersburg PA
CBHW070535050426
42451CB00013B/3028